BEI GRIN MACHT SICH IHR WISSEN BEZAHLT

- Wir veröffentlichen Ihre Hausarbeit,
  Bachelor- und Masterarbeit

- Ihr eigenes eBook und Buch -
  weltweit in allen wichtigen Shops

- Verdienen Sie an jedem Verkauf

Jetzt bei www.GRIN.com hochladen und kostenlos publizieren

Bibliografische Information der Deutschen Nationalbibliothek:

Die Deutsche Bibliothek verzeichnet diese Publikation in der Deutschen National-bibliografie; detaillierte bibliografische Daten sind im Internet über http://dnb.d-nb.de/ abrufbar.

Impressum:

Copyright © 2019 GRIN Verlag
Druck und Bindung: Books on Demand GmbH, Norderstedt Germany
ISBN: 9783346191564

Dieses Buch bei GRIN:

https://www.grin.com/document/901586

Marc Schwinn

Persönlichkeitspsychologie. Der Zusammenhang von Persönlichkeit und Gesundheit, Selbstwirksamkeit und Selbstwirksamkeitserwartung, Stress und Coping

GRIN Verlag

GRIN - Your knowledge has value

Der GRIN Verlag publiziert seit 1998 wissenschaftliche Arbeiten von Studenten, Hochschullehrern und anderen Akademikern als eBook und gedrucktes Buch. Die Verlagswebsite www.grin.com ist die ideale Plattform zur Veröffentlichung von Hausarbeiten, Abschlussarbeiten, wissenschaftlichen Aufsätzen, Dissertationen und Fachbüchern.

Besuchen Sie uns im Internet:

http://www.grin.com/

http://www.facebook.com/grincom

http://www.twitter.com/grin_com

Persönlichkeitspsychologie

SRH Fernhochschule – The Mobile University

Marc Schwinn

Inhaltsverzeichnis

Abbildungsverzeichnis

Tabellenverzeichnis

B1: Persönlichkeit und Gesundheit

Im ersten Abschnitt dieser Teilaufgabe werden die Begriffe „Persönlichkeit" und „Gesundheit" erläutert. Des Weiteren wird in 1.2 ausgeführt, in welchem Zusammenhang die beiden Begriffe stehen. Dies wird anhand verschiedener Modelle mithilfe entsprechender Beispiele dargestellt, in denen der Zusammenhang zwischen diesen beiden Phänomenen jeweils unterschiedlich interpretiert wird.

Abschnitt 1.3 beinhaltet den Überblick über alle relevanten Persönlichkeitsmerkmale, welche in Bezug auf die dargestellten theoretischen Befunde eine bedeutende Rolle spielen. Schließlich werden zwei dieser Merkmaler genauer beleuchtet und es werden Vorschlägen zum gesundheitsfördernden Umgang mit ihnen gegeben

1.1 Begriffserklärung: Persönlichkeit und Gesundheit

Sowohl bei der Persönlichkeit, als auch bei der Gesundheit handelt es sich um Phänomene, für die keine eindeutige Definition vorliegt. Das liegt beispielsweise daran, dass zwischen verschiedenen Kulturen ein anderes Verständnis von Gesundheit und Krankheit herrscht. Kulturell geprägte Emotionen und kognitive Prozesse führen zu unterschiedlichem Körperverständnis und somit zu komplett unterschiedlichen Auffassungen dieser Begriffe. In unserer Leistungsgesellschaft beschränkt sich die Vorstellung von Gesundheit eher auf die Erwerbstätigkeit, während in Kulturkreis abseits der Zivilisation eher eine spirituelle Ansicht von Gesundheit herrschen könnte. Eine Definition der World Health Organisation (1987) lautet: „Zustand eines vollkommenen körperlichen, seelischen und sozialen Wohlbefindens", während das Alltagsverständnis von Gesundheit lediglich die Abwesenheit von Krankheit darstellt. Wissenschaftlich betrachtet handelt es sich bei Gesundheit jedoch nicht um einen statischen Zustand, sondern um einen dynamischen Prozess, der sich im Laufe des Lebens immer verändert und die Balance körperlicher, sozialer und psychischer Anteile erfordert.

Da es sich bei der Persönlichkeit um ein komplexes System handelt, haben sich im Laufe der Zeit unterschiedlichste Modelle zur Klärung des Begriffs herauskristallisiert. Dieses System enthält nach dem Grundverständnis verschiedene Komponenten. Dazu zählen

Emotionen, physische Merkmale (z.b. Geschlecht, Alter, Größe), kognitive Fähigkeiten (z.b. Problemlösen, Wahrnehmungs- und Bewertungsprozesse, Intelligenz), motivationale und interessenbezogene Tendenzen (Motive, Ziele, Überzeugungen, Werte) und Persönlichkeitseigenschaften (z.b. Introversion, Gewissenhaftigkeit, Feindseligkeit). Ebenso spielen äußere Einwirkungen, durch die das Individuum Erfahrungen sammelt, welche sich wieder auf andere Aspekte der Persönlichkeit auswirken und diese formen, eine große Rolle. Dazu zählen Gewohnheiten sowie Fähigkeiten, die beim Umgang mit alltäglichen oder herausfordernden Situationen erworben und ausgebaut werden. Einen weiteren Teilbereich stellt das Selbst- und Weltbild dar. Beim Selbstbild handelt es sich um die Vorstellungen der eigenen Kompetenzen und Eigenschaften, welche sich auf Konzepte wie Selbstwirksamkeit und Selbstwert auswirkt, während das Weltbild allgemeine, nach außen gerichteten Ansichten umfasst und sich beispielsweise in Werten wiederspiegelt. Eine Teilmenge dieser Modelle nimmt an, dass die einzelnen Ausprägungen von äußeren Bedingungen unbeeinflusst bleiben und betrachten eher die Struktur der Persönlichkeit.

Die heute noch dominierenden Eigenschaftstheoretischen Persönlichkeitstheorien kommen jedoch zu dem Schluss, dass diese „Traits" oder Eigenschaftsdispositionen situationsabhängig in beide Extreme variieren können und somit sehr wohl durch äußere Umstände geprägt werden. Nach ihnen handelt es sich bei der Persönlichkeit demnach um ein dynamisches System bestehend aus den Eigenschaften eines Menschen.

1.2 Zusammenhang von Persönlichkeit und Gesundheit

Da Persönlichkeitsmerkmale als stabil und langlebig gelten und maßgeblich das Erleben und Verhalten beeinflussen, wird der Persönlichkeit bedeutende Auswirkung auf die Gesundheit zugesprochen. Demnach wurden zur Erklärung dieses Zusammenhangs diverse Modelle aufgestellt, die nicht unabhängig voneinander zu betrachten sind, sondern beim Menschen auch gleichzeitig auftreten und sich gegenseitig beeinflussen können. Im Folgenden sollen drei dieser Modelle näher beschrieben werden. In Abbildung 1 sind alle Modelle überschaubar dargestellt.

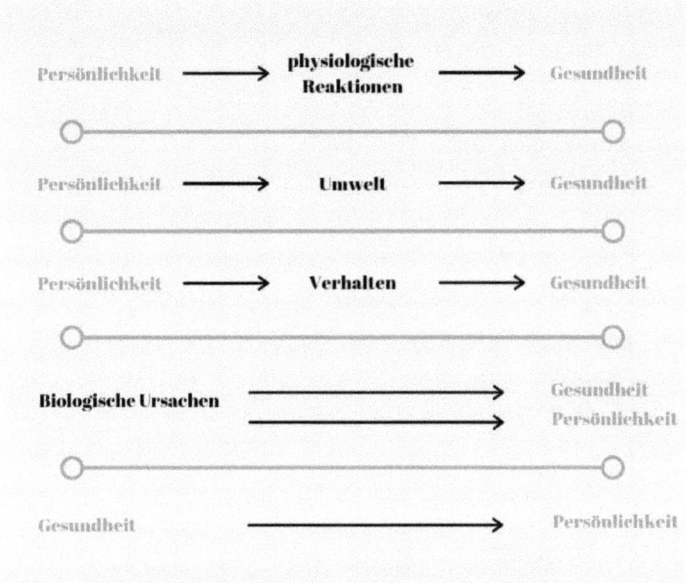

Abbildung 1: Zusammenhang von Persönlichkeit und Gesundheit
(Quelle: Eigene Darstellung)

Das letzte Modell der Abbildung geht davon aus, dass gesundheitliche Umstände signifikante Veränderungen in der Persönlichkeit hervorrufen. Eine Studie im American Heart Association's Circulation journal (2008) kam zu dem Schluss, dass bei Überlebenden eines Herzinfarkts, im Vergleich zu Personen ohne derartige Beschwerden, ein dreifaches Risiko auf eine Depression besteht. Laut erwähnter Studie ist dies auch der Fall, wenn noch nie zuvor eine psychische Erkrankung festgestellt wurde und misst dieser Persönlichkeitsveränderung eine Verbindung zwischen Körper und Geist zu. Offensichtlich wird nicht jeder Herzinfarktpatient anschließend depressiv, weshalb die gesundheitlichen Probleme nur unter bestimmten Umständen Einfluss auf die Persönlichkeit nehmen können.

Menschen legen unterschiedliche Bewältigungsstrategien für die lebensverändernden Folgen eines Herzinfarkts an den Tag. Existenzängste, den eigenen Beruf durch die eventuelle Minderung der körperlichen Leistungsfähigkeit nicht mehr ausüben zu können, resultieren eventuell aus der Neigung zum Pessimismus und zum Grübeln. Falls Patienten eine geringe Selbstwirksamkeitserwartung aufweisen, könnte Hoffnungslosigkeit entstehen, da sie nicht erwarten mit dieser Krankheit umgehen zu können und somit weniger

Maßnahmen zur Bewältigung der körperlichen Beschwerden ergreifen als ein Patient der sich der Aufgabe gewachsen fühlt.

Das zweite Modell der Abbildung beschreibt ein Szenario, in dem sich die Persönlichkeit auf die Umwelt und somit indirekt auch auf die eigene Gesundheit auswirkt. Demnach schaffen sich Menschen durch ihre Persönlichkeitseigenschaften entsprechend ihrer Ziele, Motive und Erwartungen Umstände, die gesundheitsfördernd- oder gefährdend sind. Feindselige und selbstsüchtige Menschen tendieren eher dazu, ein abweisendes Verhalten gegenüber ihren Mitmenschen aufzuzeigen, was in mangelnder sozialer Unterstützung resultieren kann. Dieser Beistand in Form von emotionaler Unterstützung fehlt dann in Phasen mangelnden Wohlbefindens oder wird trotz Anstrengungen der Mitmenschen nicht wahrgenommen. Auf der anderen Seite ist es wahrscheinlicher, dass eine Person mit ausgeprägter Gewissenhaftigkeit, Hilfsbereitschaft und Einfühlungsvermögen ein soziales und beruflich Umfeld schafft, in dem jederzeit auf Unterstützung vertraut werden kann und in dem mehr Rücksicht auf das eigene Wohlbefinden gelegt wird. Außerdem wird diese Person soziale Unterstützung eher wahrnehmen und zur Prävention eventueller gesundheitlicher Beschwerden nutzen können.

Nach Auffassung des dritten Modells bilden sich durch bestimmte Persönlichkeitsmerkmale entsprechende Verhaltensweisen aus, die wiederum die Gesundheit einschränken oder fördern. Perfektionistisch veranlagte Menschen können ihre utopischen Ansprüche an sich selber unmöglich erfüllen, wodurch permanent ein Ungleichgewicht zwischen den zur Verfügung stehenden Ressourcen und der wahrgenommenen Aufgabe besteht. Mit der Zeit kommt es bei diesen Belastungen der kognitiven Ressourcen zu erhöhtem Stresserleben. Die damit verbundenen Leistungseinbußen enden in einem Teufelskreis, denn die Ressourcen sinken stetig und erzeugen wiederum mehr Stress. Langanhaltende Phasen unter diesen Umständen führen nicht selten zu Burnout-Erkrankungen, da der permanente Stress die eigenen Ressourcen fortwährend belastet und keine Entspannung zulässt. Hingegen kann ein besonnener und geduldiger Mensch seine kognitiven Ressourcen mit Bedacht auf seine Aufgaben verteilen und zwischen den Belastungen, Ruhephasen einlegen, die das System schonen. Dadurch wird dem Stress entgegengewirkt und es kann sich leichter das Gefühl von körperlichem, sozialem und psychischem Wohlbefinden einstellen, was sich in der Definition von Gesundheit wiederspiegelt.

1.3 Gesundheitsrelevante Persönlichkeitsmerkmale

Die gesundheitsspezifischen Persönlichkeitsmerkmale können in die beiden Kategorien „Überzeugungen und Erwartungen" und „Emotionalität" kategorisiert werden. Darüber verschafft die beigefügte Abbildung 2 einen kurzen Überblick?

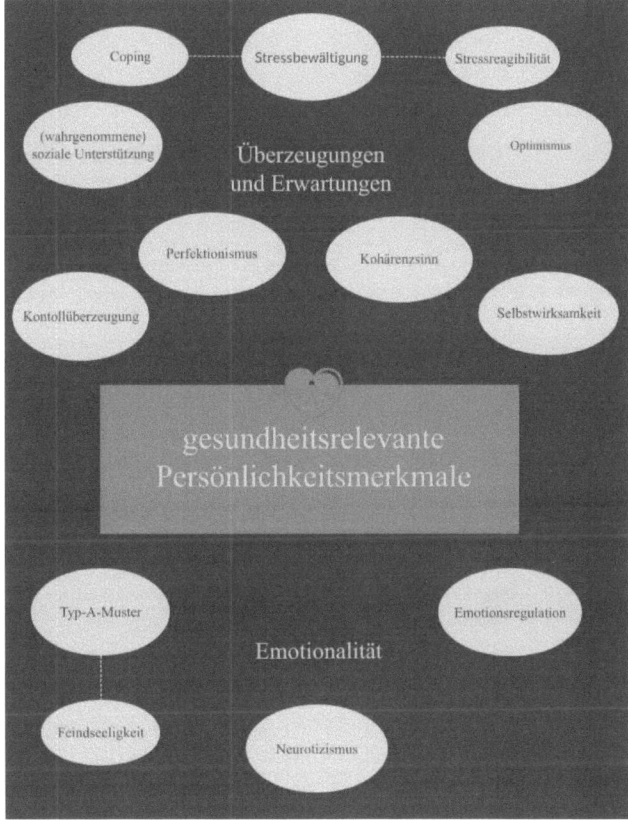

Abbildung 2: Zusammenhang von Persönlichkeit und Gesundheit
(Quelle: Eigene Darstellung)

Im Folgenden werden die beiden Merkmale Kontrollüberzeugung und Emotionsregulation näher erläutert.

Kontrollüberzeugung beschreibt den Glauben, dass Ergebnisse der eigenen Handlung durch äußere oder interne Faktoren bestimmt werden. Ist eine Person der Ansicht, das Ergebnis ist auf die Art und Weise des eigenen Handelns zurückzuführen, spricht man von einer internalen Kontrollüberzeugung. Eine externale Kontrollüberzeugung besteht, wenn die Umweltbedingungen für den Ausgang des Geschehens verantwortlich gemacht werden. Diese Überzeugungen beeinflussen die Bewertungsvorgänge im Wahrnehmungsprozess, wirken sich maßgeblich auf das Selbst- und Weltbild aus und dasselbe geschieht umgekehrt. Eine Person mit internaler Kontrollüberzeugung wird ihre Erfolge und Misserfolge über die gesamte Lebensspanne hinweg auf die eigenen Kompetenzen und Fähigkeiten zurückführen. Als Resultat ergeben sich sowohl negative als auch positive Folgen für die Gesundheit, je nachdem wie die Geschehnisse bewertet werden. Nach einer fehlgeschlagenen Klausur kann die Person das Versagen zum einen auf fehlerhafte Lernvorgänge oder mangelnde Disziplin zurückführen. Sie impliziert damit, dass sie die nötigen Ressourcen zur Bewältigung der Klausur zwar aufweist, aber nicht abrufen kann. Das sieht die Person als Motivation, ihre nächste Klausur strukturierter und disziplinierter anzugehen. Wird das Versagen auf die Unzulänglichkeit der eigenen Ressourcen zurückgeführt, die trotz ausreichender Disziplin nicht genügen, kann dies in Minderwertigkeitsgefühlen und Angst in Hinsicht auf die nächsten Klausuren übergehen. Liegt eine externale Kontrollüberzeugung vor, werden die eigenen Ressourcen generell als unbrauchbar angesehen. Fehlschläge, sowie Erfolge werden grundsätzlich auf äußere Umstände zurückgeführt. Da alle Lebensumstände nach diesem Schema bewertet werden, kann durch die negative Beeinflussung der Zielstrebigkeit keine optimale Handlungsregulation erfolgen. Somit gewinnt Machtlosigkeit immer mehr Raum und erhöhen die Wahrscheinlichkeit auf Angst, Depression und suizidale Gedanken (Lefcourt, 1992). Als Antwort auf ernstzunehmende Krankheiten motiviert die interne Kontrollüberzeugung zu Vereinbarung von Behandlungsterminen, selbstständiger Informationsaufnahme über das Krankheitsbild und hoffnungsvoller Aussicht auf Besserung. Externale Kontrollüberzeugung hingegen mündet in Hoffnungs- und Machtlosigkeit, wodurch Betroffene keine Kraft aufbringen können etwas gegen ihre Lebensumstände zu unternehmen.

Als Handlungsempfehlung für ein Gesundheitsmanagement wäre eine generelle Aufklärung über Glaubenssätze. Dieses Grundverständnis ist notwendig, um die externale und pessimistisch behaftete, internale Kontrollüberzeugung umzuwandeln. Betroffene müssen verstehen, dass die Überzeugungen der eigenen Fähigkeiten und deren Auswirkung lediglich auf der Bewertung vorheriger Geschehnisse resultiert. Ihnen müssen klare Schritte vorgegeben werden, alte Glaubenssätze zu identifizieren, aufzulösen und durch positiv behaftete Glaubenssätze auszutauschen. Dies kann über neu erlernte Bewertungs-schemata geschehen, in denen sie sich auf die positiven Auswirkungen ihres Handelns berufen und dieses für Erfolge verantwortlich machen.

Emotionsregulation bezeichnet die Fähigkeit, „das Erleben, die Intensität, die Dauer, den Zeitpunkt und den Ausdruck von aktivierten Emotionen" (Seiferling, N., Turgut, S. & Lozo, L., 2014) regulieren zu können. Personen, die über diese Fähigkeit verfügen, pfle-gen einen gesundheitsschonenden Umgang mit Gefühlen, indem sie in der Lage sind sowohl negative als auch positive Gefühle zu verstärken, abzuschwächen und diese ihrer Umwelt zu kommunizieren. Durch den Ausdruck der Emotionen können negative Ge-fühle zeitnah abgebaut werden. Mangelt es einer Person an Emotionsregulation, führt dies häufig dazu, dass Gefühle unterdrückt werden. Dies führt jedoch lediglich zu einem Auf-schub des Zeitpunkts, an dem man sich mit dem Gefühl auseinandersetzen muss. Zum Unterdrücken der Gefühle flüchten sich viele Betroffene in die eigene Gedankenwelt, ohne dabei zu wissen, dass Emotionen erst durch Gedanken hervorgerufen werden. Dies mündet oftmals in einen Teufelskreis, in dem sich negative Gedanken und Gefühle ge-genseitig verstärken. Hinzu kommt, dass dies weiterhin unterdrückt und verheimlicht wird, mit der Intention die Mitmenschen nicht belasten zu wollen. Die negativen Auswir-kungen der aufgestauten Emotionen, wie Kraftlosigkeit und Schlafstörungen werden oft nicht bewusst wahrgenommen. Die Chronifizierung der kognitiven und physischen Res-sourcen wirkt sich schließlich negativ auf die Gesundheit aus und fördert das Entstehen koronarer Herzkrankheiten.

Um Emotionsregulation ausüben zu können, benötigen die Besucher des Gesundheitsma-nagements ebenfalls ein Grundverständnis über Emotionen und Gedanken. Die Erkenntnis, dass Gedanken die Gefühle im Wahrnehmungsprozess erst erzeugen, spielt dabei eine wichtige Rolle. Des Weiteren muss vor dem Teufelskreis aus Emotionen und Gedanken hingewiesen werden. Konkrete Bewältigungsmechanismen zum Stoppen die-ses „Gedankenkarussells" sollten detailliert angegeben werden (beispielsweise die Vorstellung eines Stopp-Schildes oder das Nutzen der Vorstellungskraft um Gedanken zu entkräften), um anschließend in einer geführten Meditation die unterdrückten Gefühle zum Vorschein kommen und abklingen lassen zu können.

B2: Selbstwirksamkeit am Beispiel der Bachelor-Arbeit

Um die Selbstwirksamkeitserwartung am Beispiel der Bachelorarbeit darstellen zu können benötigt es vorerst einer Darstellung der Begriffserklärung und der theoretischen Abgrenzung zum Konzept der Kontrollüberzeugung in 2.1. Anschließend werden die vier Quellen der Selbstwirksamkeit in Abschnitt 2.2 dargestellt. Abschnitt 2.3 dient dazu, das Konzept der Selbstwirksamkeit und der Selbstwirksamkeitserwartung auf das Beispiel der Bachelorarbeit anzuwenden und konkrete Empfehlungen die theoretischen Befunde für die Praxis zu nutzen.

2.1 Begriffserklärung: Selbstwirksamkeit und Selbstwirksamkeitserwartung

Selbstwirksamkeit ist ein Konzept aus der sozial-kognitiven Lerntheorie nach Bandura und „ist definiert als die Überzeugung, gewünschtes Verhalten auch angesichts von Hindernissen und Widerständen ausführen zu können" (Becker, B., 2014).

Die Selbstwirksamkeit ist jedoch von der zuvor dargestellten Kontrollüberzeugung abzugrenzen. Die Kontrollüberzeugung bezieht sich auf die Handlungs-Ergebnis-Kontingenz und sagt lediglich aus, dass ein Ergebnis in irgendeiner Weise hervorrufbar ist. Selbstwirksamkeit besagt, dass man selbst der Akteur ist, der zum Erreichen des Ergebnisses führt. Liegt keine Kontrollüberzeugung vor, erfolgt auch keine Selbstwirksamkeit, denn wenn keine Lösung zu einem Problem in irgendeiner Weise gefunden werden kann, so kann man das Ergebnis erst recht nicht mit dem eigenen Handeln hervorrufen. Jedoch kann Kontrollüberzeugung auch ohne Selbstwirksamkeit vorliegen. Die möglichen Szenarien werden am Beispiel eines heruntergefallenen und damit defekten Handys in Abbildung 3 dargestellt.

Beim ersten Fall ist das Handy in alle Einzelteile zersprungen und kann von niemandem mehr repariert werden. Demnach existiert keine Kontrollüberzeugung und automatisch auch keine Selbstwirksamkeit. Dies schließt ebenfalls den Fall aus, dass Selbstwirksamkeit, aber keine Kontrollüberzeugung vorliegt, da dieser nicht existieren kann. Im zweiten Fall ist die Beschädigung zu spezifisch, als dass sie ein Laie reparieren kann und somit kann nur ein Spezialist helfen, also liegt Kontrollüberzeugung aber keine Selbstwirksamkeit vor. Im letzten Fall ist lediglich der Akku beschädigt und die Person kann einen neuen Akku bestellen und diesen selber einsetzen. Demnach liegen sowohl Selbstwirksamkeit als auch Kontrollüberzeugung vor.

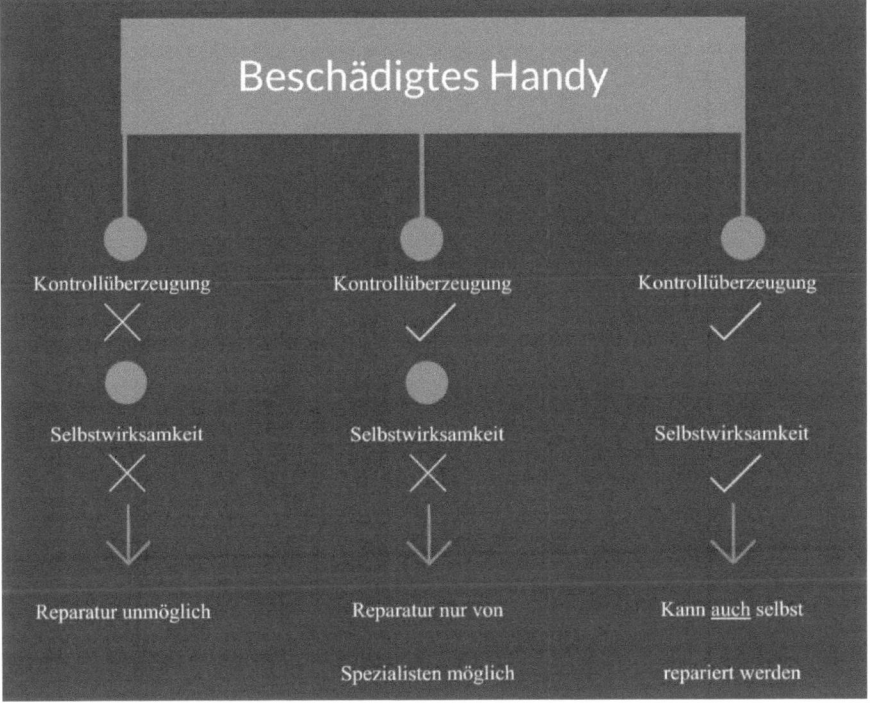

Abbildung 3: Selbstwirksamkeit und Kontrollüberzeugung
(Quelle: Eigene Darstellung)

Diese Einschätzungen sind jedoch in ihrem Ursprung subjektiver Natur. Demnach kann die Person auch annehmen, dass sie das Handy nicht reparieren kann, obwohl sie objektiv gesehen über die Ressourcen verfügt, sich den Reparaturvorgang anzueignen oder sofort selbst durchzuführen. Das Vertrauen eine komplexe Handlung auch nach dem Auftreten problematischer Hindernisse mit den eigenen Kompetenzen verwirklichen zu können wird Selbstwirksamkeitserwartung genannt. In dem Fall, in dem die Person davon ausgeht sie könnte das Problem selbst nicht lösen, obwohl sie es eigentlich könnte wird deutlich, dass die Selbstwirksamkeitserwartung bestimmt, ob eine Handlung überhaupt begonnen wird.

1.3 Gesundheitsrelevante Persönlichkeitsmerkmale

Die gesundheitsspezifischen Persönlichkeitsmerkmale können in die beiden Kategorien „Überzeugungen und Erwartungen" und „Emotionalität" kategorisiert werden. Darüber verschafft die beigefügte Abbildung 2 einen kurzen Überblick?

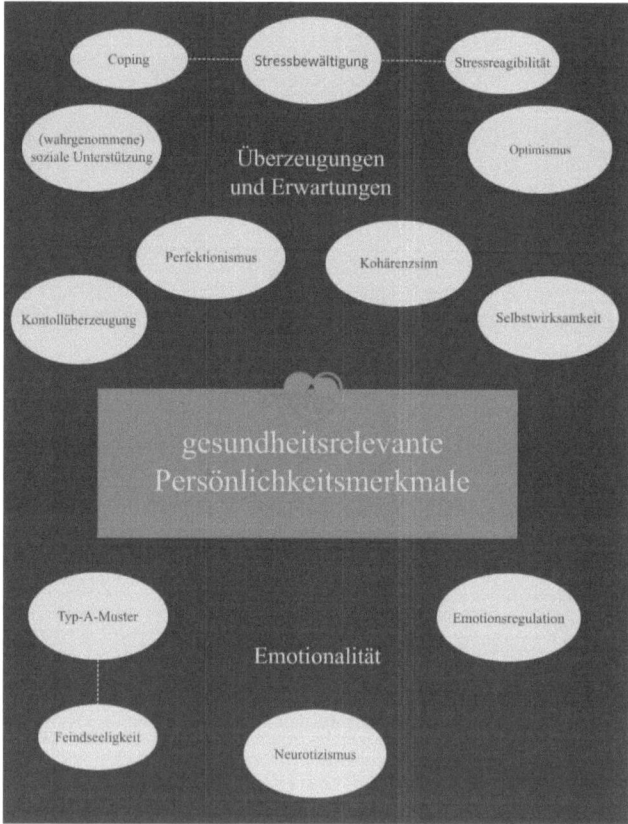

Abbildung 2: Zusammenhang von Persönlichkeit und Gesundheit
(Quelle: Eigene Darstellung)

Im Folgenden werden die beiden Merkmale Kontrollüberzeugung und Emotionsregulation näher erläutert.

Kontrollüberzeugung beschreibt den Glauben, dass Ergebnisse der eigenen Handlung durch äußere oder interne Faktoren bestimmt werden. Ist eine Person der Ansicht, das Ergebnis ist auf die Art und Weise des eigenen Handelns zurückzuführen, spricht man stellte sich Boris Becker im Werbespot als technisch unfähig dar und kommentierte den Erfolgreichen Zugang mit: „Bin ich da schon drin oder was?". Dies sollte dem Beobachter suggerieren, dass er selber es auch schaffen kann.

- **Meinung enger Bezugspersonen:** Der Meinung der Menschen, denen man beimisst, dass sie die eigenen Fähigkeiten beurteilen können, kann ebenfalls große Bedeutung zugesprochen werden. Diese Menschen sind frei von den eigenen subjektiven Bewertungsmechanismen und können deshalb eine neutrale Einschätzung abgeben, ob die Aufgabe mit den vorhandenen Fähigkeiten zum Erfolg führen kann. Bestärkung führt somit zu hoher und Kritik zu niedriger Selbstwirksamkeit.

- **Physiologische Reaktionen:** Die letzte Quelle bezieht sich auf die eigenen Körpersignale. Hauptsächlich handelt es sich darum, dass durch Angst bestimmte Reaktionen des Körpers auftreten, die als bedrohlich bewertet werden. Mangelnde Kontrolle der Stimme, zittern, stottern und erröten werden im sozialen Kontext als bedrohlich angesehen. Situationen, in denen diese oder ähnliche Reaktionen auftreten, werden mit einer geringen Selbstwirksamkeit betrachtet.

2.3 Beispiel: Bachelorarbeit

Die Bachelorarbeit stellt die Abschlussarbeit dar und bekommt somit einen hohen Stellenwert beigemessen. Demnach kommt ihr eine höhere Erwartungshaltung zu als einer üblichen Klausur. Für viele Studenten ist sie deshalb mit Angst und Erfolgsdruck verbunden. Im Folgenden sollen die Unterschiede der ängstlichen und gelassenen Studenten mit der Selbstwirksamkeit dargestellt werden. Außerdem werden Tipps gegeben, um eine höhere Selbstwirksamkeitserwartung im Hinblick auf die Bachelorarbeit aus den Quellen der Selbstwirksamkeit zu ziehen.

Bei der Erfahrung spielen in Bezug auf die Bachelorarbeit vor allem die vorherigen Hausarbeiten und andere Prüfungssituationen eine wichtige Rolle, da diese einem ähnlichen Schema zugeordnet werden. Wie bereits in 2.2 angedeutet, spielt hier vor allem die Bewertung der Ergebnisse eine entscheidende Rolle. Die Möglichkeiten werden in Tabelle 1 verdeutlicht.

16

	Eigenen Fähigkeiten werden verantwortlich gemacht	Äußere Faktoren werden verantwortlich gemacht
Gutes Ergebnis	Hohe Selbstwirksamkeitserwartung	Niedrige Selbstwirksamkeitserwartung
Schlechtes Ergebnis	Niedrige Selbstwirksamkeitserwartung	Hohe Selbstwirksamkeitserwartung

Tabelle 1: Selbstwirksamkeit

Ein Student, der mit niedriger Wirksamkeitserwartung an die Bachelorarbeit tritt, wird also entweder sein Versagen in vorherigen Hausarbeiten auf die eigene Unfähigkeit zurückführen oder seinen Erfolg auf äußere Faktoren wie z.b. vorteilhafte Klausurfragen und der Hilfe durch Mitstudenten machen. Um der Bachelorarbeit mit hoher Selbstwirksamkeitserwartung entgegenzutreten ist es wichtig, dass die eigene Fähigkeit für die Erfolge verantwortlich gemacht wird. Außerdem sollte bei einem Misserfolg reflektiert werden, ob die eigenen Fähigkeiten ausreichend waren und äußere Umstände wie beispielsweise ungünstige Klausurfragen für den Misserfolg gesorgt haben oder an der eigenen Kompetenz weitergearbeitet werden sollte. Ist ersteres der Fall, kann eine hohe Selbstwirksamkeitserwartung erfolgen, da in die eigene Kompetenz vertraut wird. Beim zweiten Fall hat es keinen Sinn niedergeschlagen zu sein, sondern man sollte den ersten Schritt machen sein Können zu erweitern. Aneignung diverser Strategien zum effektiveren Lernen, Verbesserung des Wortschatzes oder die Auseinandersetzung mit den eigenen Ängsten könnte dabei eine wichtige Rolle spielen. Wichtig ist, sich von pessimistischen Glaubenssätzen und Bewertungsmechanismen zu distanzieren und sich neue Blickwinkel auf die Prüfungssituationen anzueignen. Im besten Fall versuch man dies ab dem ersten Semester anzuwenden, allerdings können Bewertungen auch nachträglich verändert werden.

Das Beobachtungslernen wirkt sich vor allem auf die gemeinsame Arbeit in einer Lerngruppe aus. Dabei werden oftmals die Kompetenzen der Mitstudenten mit den eigenen Fertigkeiten verglichen. Um davon zu profitieren sollte die „fähigste" Person der Gruppe aufgesucht werden, um von ihrem Können zu profitieren. Es könnte beobachtet werden, warum er so viel besser als der Rest der Gruppe performt, um sich die ausschlaggebenden Punkte selbst anzueignen. Falls sich im persönlichen Umfeld Personen befinden, die ihre Bachelorarbeit bereits bestanden haben und diese Personen als ähnlich zu den eigenen

Fähigkeiten betrachtet wird, kann dies die Selbstwirksamkeitserwartung erhöhen. Auch wenn die Person als fähiger angesehen wird, sollten daraus keine negativen Schlüsse auf die eigene Erfolgschance gezogen werden. Optimaler wäre, die Chance zu nutzen, zu hinterfragen, was das Können dieser Person ausmacht, um es sich anschließend selbst anzueignen.

Um die Meinung enger Bezugspersonen zu Rate zu ziehen, sollten Personen befragt werden, die man selbst als ehrlich wahrnimmt. Unbegründete Bestärkung führt eher zu unrealistischen Erwartungen. Stattdessen sollten ehrliche Meinungen aufgesucht werden. Sollten diese dann bestärkend ausfallen, können sie die Selbstwirksamkeit erhöhen. Bei konstruktiver Kritik sollte versucht werden, die kritisierten Punkte anzunehmen und als Gelegenheit zur Verbesserung der nötigen Kompetenzen angesehen werden.

Enormer Druck kann zu Schreibblockaden und mangelnder Konzentration führen. Diese physiologischen Reaktionen können die Selbstwirksamkeitserwartung hinsichtlich der Bachelorarbeit enorm senken. Um den Druck zu verringern, könnte Meditation erlernt werden, da es sich dabei um einen Erkenntnisprozess handelt, in dem diese Reaktionen akzeptiert werden und schließlich abklingen können, da sie eigentlich keinesfalls bedrohlich sind. Sie werden lediglich von den eigenen Bewertungen und Glaubenssätzen hervorgerufen und sollen uns schützen. Lernt man durch Meditation, diese Reaktionen anzunehmen und die zugrundeliegenden Glaubenssätze aufzulösen, kann die Performanz deutlich gesteigert werden. Das dadurch entstehende Gefühl der Gelassenheit erhöht dann die Selbstwirksamkeitserwartung, da man beruhigt und konzentriert an der Bachelorarbeit arbeiten kann.

Abbildung 4 verdeutlicht wie sich die Quellen positiv auf die Selbstwirksamkeit auswirken können, denn eine hohe Selbstwirksamkeit bewirkt, dass in schwierigen Aufgaben die Möglichkeit zu wachsen anstatt zu versagen gesehen wird. Durch die Erfahrung kann Routine entwickelt werden, die aufgrund Gelassenheit und Konzentrationsfähigkeit zu erhöhter Leistungsfähigkeit führt. Dadurch werden Arbeiten überhaupt erst begonnen und trotz Auftreten schwieriger Hindernisse mit Überzeugung weitergeführt wird.

Abbildung 4: Positive Auswirkungen von Selbstwirksamkeit
(Quelle: Eigene Darstellung)

B3: Stress

Im ersten Abschnitt wird der Begriff „Stress" erklärt. Anschließend wird dieser Begriff im theoretischen Zusammenhang zum Stress Modell in 3.2 von Lazarus erklärt. Im letzten Abschnitt 3.3 wird der Begriff Coping definiert, um zuletzt die beiden Arten des Coping an jeweils einem Beispiel veranschaulichen zu können.

3.1 Begriffserklärung: Stress, Stressor und Coping

Wie bereits bei vorher erklärten Begriffen kommt auch dem Stress keine eindeutige Definition zu. Allerdings wird Stress immer mit Stressoren in Verbindung gebracht, da diese internen und externen Reize Stress auslösen, indem sie von der Person als die eigenen Kompetenzen übersteigen wahrgenommen werden. Bei Stress handelt es sich also um eine bestimmte Reaktion auf Reizeinwirkungen. Diese Reaktion ist im allgemeinen Gebrauch ein unangenehmes Gefühl von Belastung oder Bedrohung.

3.2 Das Stressmodell von Lazarus

Das Stressmodell vom Lazarus setzt sich mit der Frage auseinander, warum verschiedene Personen in der exakt gleichen Situation einem unterschiedlichen Maß an psychischer Beanspruchung ausgesetzt sind. Es versucht den Unterschied zu erklären, der beispielsweise bewirkt, dass eine Person Freude an der Interaktion mit fremden verspürt, während eine andere Person alleine bei der Vorstellung derselben Situation von Angstzuständen geplagt wird. Im Modell wird dieser Unterschied auf die jeweiligen Bewertungsprozesse bezüglich einer Situation der Personen zurückgeführt. Dabei werden die eigenen Ressourcen in Form von Fähigkeiten, Selbstbewusstsein, Wissen etc. mit den Anforderungen einer Situation abgeglichen. Es kommt zu einem Stressempfinden, wenn die Einschätzung gewonnen wird, dass die Anforderungen der Situation die eigenen Ressourcen übersteigen. Um auf das vorherige Beispiel zurückzukommen, bewertet die erste Person das Zusammentreffen mit Fremden als perfekte Möglichkeit neue Leute kennenzulernen, da sie von ihren sozialen Fähigkeiten im Umgang mit neuen Leuten überzeugt ist. Die zweite Person sieht in der Situation die Gefahr, den anderen nicht zu gefallen oder sogar verspottet zu werden und führt dies auf ihre Unzulänglichkeit, einen sympathischen ersten Eindruck zu machen, zurück.

Dieser Prozess wird im Modell in die beiden Phasen primäre- und sekundäre Einschätzungen eingeteilt. Nachdem ein bestimmter Reiz eine Sinnes Modalität erreicht hat, erfolgen zwei Bewertungsschritte, die meistens simultan erfolgen. Die primäre Einschätzung dient dazu, die Situation auf ihre Relevanz bezüglich der eigenen Person zu überprüfen. Bei der sekundären Einschätzung werden die eigenen Ressourcen betrachtet und mit den Anforderungen der Situation abgewogen. Diese Bewertungen sind rein subjektiver Natur und werden besonders im Hinblick auf bereits gewonnene Erfahrungen mit ähnlichen Situationen erzielt. Demnach können Situationen als förderlich, unbedeutend oder potentiell bedrohlich für die eigene Person bewertet werden, wobei letzteres zum Entstehen einer Stressreaktion führt.

3.3 Coping-Strategien

Da die Ursache für die Stressreaktion alleine aus der subjektiven Wahrnehmung entsteht, benötigt es entsprechende subjektive Bewältigungsmechanismen, um mit der psychischen Belastung umzugehen. Diese Bewältigungsstrategien werden Coping genannt. Coping bezeichnet die Strategien, sich mit diesen Belastungen auseinanderzusetzen und sie zu beseitigen. Die Person muss sich bewusst zum ausüben dieser Strategien entscheiden, da es sich dabei nicht um automatisierte Prozesse handelt. Anhand des Beispiels der Bachelorarbeit könnte das Coping eine von außen beobachtbare Handlung wie das Heraussuchen weiteren Wissens über ein bestimmtes Thema oder einen kognitiven Prozess in Form von Veränderung der Glaubenssätze bezüglich vergangener Prüfungssituationen darstellen. Das Ziel der Bewältigung der Belastung impliziert die Herstellung eines Zustandes des Wohlbefindens. Ressourcen, die zu einem angemessen Coping-Verhalten beitragen, sind (wahrgenommene) soziale Unterstützung und personale Ressourcen wie

Selbstwirksamkeit, Kontrollüberzeugung und das Selbstwertgefühl. Es werden zwei Arten von Coping-Strategien unterschieden.

3.3.1 Problembezogenes Coping

Beim Problembezogenen Coping kommt es zu einer Veränderung der Person-Umwelt-Beziehung indem versucht wird, die äußeren Umstände zu ändern, welche für die ausgelösten Stressreaktionen verantwortlich sind. Ein Beispiel dafür könnte sein, dass eine Person vermehrt unter dem Streit in der Beziehung leidet und daraus resultierend unter ständigem Stress leidet. Sie geht davon aus, dass Sie das Problem in der Beziehung nicht durch Ihre eigenen Ressourcen bewältigen kann. Um dennoch zu einer Lösung zu kommen, da ihr der Partner oder die Partnerin unerlässlich erscheint, kann das klärende Gespräch gesucht werden. Dadurch können Kompromisse ausgemacht werden, die zum Lösen der Probleme und somit wieder zu einer zufriedenstellenden Beziehung führen. Hierfür ist vor allem ein gewisses Maß an Selbstvertrauen nötig, da man sich das klärende Gespräch sonst nicht zutraut. Ein geringer Selbstwert kann dazu führen, dass die Probleme lediglich auf die eigene Person zurückgeführt wird und somit das Gespräch vermieden wird, da es mit Angst und Schuldgefühlen verbunden ist.

Ein weiteres Beispiel stellt eine Person dar, die unter ihrem Übergewicht leidet und unbedingt abnehmen möchte. Es scheint ihr jedoch unmöglich, beim Einkauf auf kalorienreiche Lebensmittel zu verzichten, die ihr Übergewicht aufrechterhalten. Da sie sich selbst nicht im Stande fühlt, den Einkauf auf ihr Ziel abzustimmen, könnte sie beispielsweise den Partner mit dem Einkauf beauftragen. Die Abwesenheit verlockender Lebensmittel, die eine Gewichtszunahme begünstigen, macht es ihr unmöglich ihre vorherigen Essgewohnheiten beizubehalten. Um weiteren Verlockungen zu wiederstehen könnte sie ebenfalls den Weg zur Arbeit umstellen, auf dem Geschäfte mit verlockenden Lebensmitteln warten oder das Essen für die Arbeit vorbereiten, falls ansonsten zum Kantinenessen gegriffen wird.

Vorhaben dieser Art können jedoch nur mit einer entsprechenden Selbstwirksamkeitserwartung umgesetzt werden, da es der Person ansonsten unmöglich erscheint, das Problem selbst in die Hand zu nehmen und ihre Gewohnheiten umzustellen. Liegt vermehrt eine externe Kontrollüberzeugung vor, wird die Ursache für den übermäßigen Konsum auf äußere Umstände zurückgeführt. Dann erscheint es der Person unmöglich, selbst etwas dagegen zu unternehmen. Die soziale Unterstützung des Partners oder den Freundeskreis können an diesem Punkt zum Tragen kommen, indem der Partner wie beschrieben den Einkauf übernimmt und die Person beim Umstellen der Essgewohnheiten unterstützt. Jedoch muss die Unterstützung von der Person auch als solche wahrgenommen werden.

3.3.2 Emotionsbezogenes Coping

Beim emotionsbezogenen Coping werden nicht die äußeren Umstände verändert, sondern interne Gefühlszustände reguliert. Falls die im ersten Beispiel aus Abschnitt 3.3.1 beschriebenen Beziehungsprobleme aus dem Verlust eines Angehörigen des Partners resultieren, könnte es sein, dass die Person den Partner nicht noch weiter belasten möchte und somit kein klärendes Gespräch sucht, sondern diesem stattdessen Zeit lässt und für diesen Zeitraum versuchen, die eigenen Gefühle zu regulieren. Bewertungsprozesse, die zum Auftreten der Probleme führen, könnten umgeschrieben werden. Da Gefühle aus Gedanken resultieren, kommen die entsprechenden negativen Gefühle bezüglich des Partners nicht mehr zustande. Falls verdrängte Emotionen immer wieder aufkommen und für die Probleme verantwortlich sind könnte es sinnvoll sein, diese Gefühle durch Meditation zu betrachten und abklingen zu lassen.

Auch hier kommt Selbstwirksamkeitserwartung zum Tragen, da die Person davon überzeugt sein muss, dass sie selbst in der Lage ist die eigenen Gefühle regulieren zu können. Liegt hier ebenfalls eine externe Kontrollüberzeugung vor, werden die Probleme stets auf den Partner zurückgeführt. Den Partner zu schonen wird somit für eine Person mit externer Kontrollüberzeugung keine Option darstellen.

Die übergewichtige Person könnte abseits der Änderung der äußeren Umstände auch versuchen, die Ursache für ihren übermäßigen Konsum zu ermitteln, der eventuell auf tiefgreifendere Probleme zurückzuführen ist. Ungesunde Essgewohnheiten, welche wie diverse Drogen oft als Antwort auf vermehrtes auftreten negativer Gefühle genommen werden, könnten einer kognitiven Neubewertung unterzogen werden. Dadurch lernt die Person, die Auslöser der Essgewohnheiten mit anderen Verhaltensweisen zu beantworten, welche gesundheitsschonend sind.

Literaturverzeichnis

Becker, B. (2014), Grundlagen der Differentiellen und Persönlichkeitspsychologie, 1. Auflage, Studienbrief der SRH Fernhochschule, Riedlingen.

Becker, B. (2014), Praxisfelder der Differentiellen und Persönlichkeitspsychologie, 1. Auflage, Studienbrief der SRH Fernhochschule, Riedlingen.

Eysenck, H.J. (1968). Rauchen, Gesundheit und Persönlichkeit, Düsseldorf.

Landemann, M. (2005). Selbstregulation, Selbstwirksamkeit und berufliche Zielerreichung. Aachen: Shaker.

Kaulbach, C., B., Cammenga, T., Welter, J. (2016). Wundersame Wandlungen zur Selbstwirksamkeit.

Kieschke, U. (2003). Arbeit, Persönlichkeit und Gesundheit: Beiträge zu einer differentiellen Psychologie beruflichen Belastungsgeschehens. Berlin: Logos Verlag.

Lefcourt, H. (1992). H.:Durability and impact oft the locus of control construct. Psychological Bulletin.

Leichsenring, H. Youtube, 08.01.2018, Web, Zugriff am 20.09.2019 unter: https://www.youtube.com/watch?v=7ZL3dBE3fT0

Lichtman, J., H. et. al. (2008). Depression and Coronary Heart Disease. Circulation VOL. 118, Nr. 17. Veröffentlicht am 28.09.08.

Schneewind, K. A. (2000). Persönlichkeit. Zugriff am 12.09.2019. Verfügbar unter https://www.spektrum.de/lexikon/psychologie/persoenlichkeit/11379

Schuhmacher, J., Reschke, K., & Schröder, H. (2002). Mensch unter Belastung: Erkenntnisfortschritte und Anwendungsperspektiven der Stressforschung.

Seiferling, N., Turgut, S. & Lozo, L. (2019). Emotionsregulation. In M. A. Wirtz (Hrsg.), Dorsch – Lexikon der Psychologie. Abgerufen am 12.09.2019, von https://m.portal.hogrefe.com/dorsch/emotionsregulation/